Práctica Para El Examen De E.U. Ciudadanía

100 Preguntas para el Examen de E.U. Ciudadanía -Naturalización Rediseñado

100 Questions and Answers for the New U.S. Citizenship-Naturalization Test (Spanish Edition)

100 Preguntas para el Examen de
E.U. Ciudadanía - Naturalización Rediseñado
100 Questions and Answers for the New U.S.
Citizenship-Naturalization Test (Spanish Edition)

Published by Lakewood Publishing
1710 Moorpark Rd., Suite #213
Thousand Oaks, CA 91362

ISBN: 978-0-9793538-2-6   (softcover)

1. Citizenship, United States, America, U.S. 2. naturalization, citizenship
3. immigration, citizenship test, new test
4 English – language 5. United States – civics, government
6. United States – USCIS new test October 2008
I. Citizenship, American   II. Title

Printed in the United States of America

100 Preguntas para el Examen de E.U. Ciudadanía -Naturalización Rediseñado

100 Questions and Answers for the New U.S. Citizenship-Naturalization Test (Spanish Edition)

New English Reading and Writing Vocabulary for the Citizenship Test

J.S Aaron

Also by J.S. Aaron:

U.S. Immigrants Are Welcome! -*How to Get a Visa, Be a Permanent Resident, and Become a U.S. Citizen (Includes Application Forms and Other Necessary Citizenship Documents)*

Bienvenidos a Los Estados Unidos (Español y Ingles)
Welcome to the USA– A Guide for Immigrants (in Spanish & English)

Welcome to the USA: A Guide For Immigrants (Tagalog & English)
Maligayang Pagdating sa Estados Unidos

100 Preguntas para el Examen de E.U. Ciudadanía -Naturalización Rediseñado (español y ingles – Spanish and English)

Audio CD: *U.S. Citizenship Civics Test: 100 Questions and Answers, plus practice sentences for the Written test*

———

All books are also available online at **www.Amazon.com** and **Amazon.co.uk, Amazon.ca, Amazon.co.jp** and **www.barnesandnoble.com** and in *Kindle*™ e-reader editions

For more information for U.S. immigrants, please visit us on the Internet at:
www.welcomeesl.com

Tabla De Contenido / Table of Contents

Introducción

100 Preguntas de civismo para el Examen de E.U. Ciudadanía - Naturalización rediseñado

Las 100 preguntas y respuestas de cívica (historia y sistema de gobierno) del examen de naturalización rediseñado se encuentran a continuación. Los solicitantes que presenten la solicitud Application for Naturalization (Solicitud de naturalización), Formulario N-400 , el 1 de octubre de 2008 o después de esa fecha, deberán estudiar esta lista.

En el examen de cívica, el cual es oral, un oficial del USCIS le preguntará al solicitante hasta 10 preguntas de las 100 preguntas de cívica. El solicitante debe responder un mínimo de seis preguntas correctas para pasar satisfactoriamente la parte de cívica del examen de naturalización.

Si bien el USCIS reconoce que podría haber otras posibles respuestas correctas a las 100 preguntas de cívica, se les insta a los solicitantes a que respondan a tales preguntas utilizando las respuestas que se proporcionan a continuación.

* Si usted tiene 65 de edad o más y hace 20 años o más que es residente permanente legal de los Estados Unidos, puede limitarse sólo al estudio de las preguntas marcadas con asterisco.

Gobierno Americano

A: Principios de la democracia americana

1. **¿Cuál es la ley suprema de la nación?**
   la Constitución

2. **¿Qué hace la Constitución?**
   establece el gobierno
   define el gobierno
   protege los derechos básicos de los
   ciudadanos

3. **Las primeras tres palabras de la Constitución contienen la idea de la autodeterminación (de que el pueblo se gobierna a sí mismo). ¿Cuáles son estas palabras?**
   Nosotros el Pueblo

4. **¿Qué es una enmienda?**
   un cambio (a la Constitución)
   una adición (a la Constitución)

5. **¿Con qué nombre se conocen las primeras diez enmiendas a la Constitución?**
   la Carta de Derechos

6. ¿Cuál es un derecho o libertad que la Primera Enmienda garantiza?*

expresión

religión

reunión

prensa

peticionar al gobierno

7. ¿Cuántas enmiendas tiene la Constitución?

veintisiete (27)

8. ¿Qué hizo la Declaración de Independencia?

anunció nuestra independencia (de Gran Bretaña)
declaró nuestra independencia (de Gran Bretaña)
dijo que los Estados Unidos se independizó (de Gran Bretaña)

9. ¿Cuáles son dos derechos en la Declaración de la Independencia?

la vida
la libertad
la búsqueda de la felicidad

10. ¿En qué consiste la libertad de religión?

Se puede practicar cualquier religión o no tener ninguna.

11. ¿Cuál es el sistema económico de los Estados Unidos?*

economía capitalista
economía del mercado

12. **¿En qué consiste el "estado de derecho" (ley y orden)?**

Todos deben obedecer la ley.
Los líderes deben obedecer la ley.
El gobierno debe obedecer la ley.
Nadie está por encima de la ley.

B: Sistema de gobierno

13. **Nombre una rama o parte del gobierno.***

Congreso
Poder legislativo
Presidente
Poder ejecutivo
los tribunales
Poder judicial

14. **¿Qué es lo que hace que una rama del gobierno no se vuelva demasiado poderosa?**

pesos y contrapesos
separación de poderes

15. **¿Quién está a cargo de la rama ejecutiva?**

el Presidente

16. **¿Quién crea las leyes federales?**

el Congreso
el Senado y la Cámara (de Representantes)
    la legislatura (nacional o de los Estados Unidos)

17. **¿Cuáles son las dos partes que integran el Congreso de los Estados Unidos?***

el Senado y la Cámara (de Representantes)

18. ¿Cuántos senadores de los Estados Unidos hay?

cien (100)

19. ¿De cuántos años es el término de elección de un senador de los Estados Unidos?

seis (6)

20. Nombre a uno de los senadores actuales del estado donde usted vive.*

Las respuestas variarán. [Los residentes del Distrito de Columbia y los territorios de los Estados Unidos deberán contestar que el D.C. (o territorio en donde vive el solicitante) no cuenta con Senadores a nivel nacional.] p.32

21. ¿Cuántos miembros votantes tiene la Cámara de Representantes?

cuatrocientos treinta y cinco (435)

22. ¿De cuántos años es el término de elección de un representante de los Estados Unidos?

dos (2)

23. Dé el nombre de su representante a nivel nacional.

Las respuestas variarán. [Los residentes de territorios con delegados no votantes o los comisionados residentes pueden decir el nombre de dicho delegado o comisionado. Una respuesta que indica que el territorio no tiene representantes votantes en el Congreso también es aceptable.] p.37

24. ¿A quiénes representa un senador de los Estados Unidos?

todas las personas del estado

25. ¿Por qué tienen algunos estados más representantes que otros?

(debido a) la población del estado
(debido a que) tienen más gente
(debido a que) algunos estados tienen más
*   gente*

26. ¿De cuántos años es el término de elección de un presidente?

cuatro (4)

27. ¿En qué mes votamos por un nuevo presidente?*

Noviembre

28. ¿Cómo se llama el actual Presidente de los Estados Unidos?*

Barack Obama
Obama

29. ¿Cómo se llama el actual Vicepresidente de los Estados Unidos?

Joseph R. Biden, Jr.
Joe Biden
Biden

30. Si el Presidente ya no puede cumplir sus funciones, ¿quién se vuelve Presidente?

el Vicepresidente

31. Si tanto el Presidente como el Vicepresidente ya no pueden cumplir sus funciones, ¿quién se vuelve Presidente?

el Presidente de la Cámara de Representantes

32. ¿Quién es el Comandante en Jefe de las Fuerzas Armadas?

el Presidente

33. ¿Quién firma los proyectos de   ley para convertirlos en ley?

el Presidente

34. ¿Quién veta los proyectos de ley?

el Presidente

35. ¿Qué hace el Gabinete del Presidente?

asesora al Presidente

36. ¿Cuáles son dos puestos a nivel de gabinete?

Procurador General
Vicepresidente
Secretario de Agricultura
Secretario de Comercio
Secretario de Defensa
Secretario de Educación
Secretario de Energía
Secretario de Salud y Servicios Humanos
Secretario de Seguridad Nacional
Secretario de Vivienda y Desarrollo Urbano
Secretario del Interior
Secretario del Trabajo
Secretario de Estado

Secretario de Transporte
Secretario del Tesoro
Secretario de Asuntos de Veteranos

37. ¿Qué hace la rama judicial?

revisa las leyes
explica las leyes
resuelve disputas (desacuerdos)
decide si una ley va en contra de la Constitución

38. ¿Cuál es el tribunal más alto de los Estados Unidos?

la Corte Suprema de Justicia

39. ¿Cuántos jueces hay en la Corte Suprema de Justicia?

nueve (9)

40. ¿Quién es el Presidente actual de la Corte Suprema de Justicia de los Estados Unidos?

John Roberts (John G. Roberts, Jr.)

41. De acuerdo a nuestra Constitución, algunos poderes pertenecen al gobierno federal. ¿Cuál es un poder del gobierno federal?

imprimir dinero
declarar la guerra
crear un ejército
suscribir tratados

42. De acuerdo a nuestra Constitución, algunos poderes pertenecen a los estados. ¿Cuál es un poder de los estados?

proveer escuelas y educación
proveer protección (policía)
proveer seguridad (cuerpos de bomberos)
conceder licencias de conducir
aprobar la zonificación y uso de la tierra

43. ¿Quién es el gobernador actual de su estado?

Las respuestas variarán. [Los residentes del Distrito de Columbia deben decir "no tenemos gobernador".]

44. ¿Cuál es la capital de su estado?*

Las respuestas variarán. [Los residentes del Distrito de Columbia deben contestar que el D.C. no es estado y que no tiene capital. Los residentes de los territorios de los Estados
Unidos deben dar el nombre de la capital del territorio.]

45. ¿Cuáles son los dos principales partidos políticos de los Estados Unidos?*

Demócrata y Republicano

46. ¿Cuál es el partido político del Presidente actual?

(Partido) Demócrata

47. ¿Cómo se llama el Presidente actual de la Cámara de Representantes?

(Nancy) Pelosi

48. Existen cuatro enmiendas a la Constitución sobre quién puede votar. Describa una de ellas.

Ciudadanos de dieciocho (18) años en adelante (pueden votar). No se exige pagar un impuesto para votar (el impuesto para acudir a las urnas o "poll tax" en inglés). Cualquier ciudadano puede votar. (Tanto las mujeres como los hombres pueden votar.)Un hombre ciudadano de cualquier raza (puede votar).

49. ¿Cuál es una responsabilidad que corresponde sólo a los ciudadanos de los Estados Unidos?*

prestar servicio en un jurado
votar en una elección federal

50. ¿Cuál es un derecho que pueden ejercer sólo los ciudadanos de los Estados Unidos?

votar en una elección federal
postularse a un cargo político federal

51. ¿Cuáles son dos derechos que pueden ejercer todas las personas que viven en los Estados Unidos?

libertad de expresión
libertad de la palabra
libertad de reunión
libertad para peticionar al gobierno
libertad de culto
el derecho a portar armas

52. ¿Ante qué demostramos nuestra lealtad cuando decimos el Juramento de Lealtad (Pledge of Allegiance)?

los Estados Unidos
la bandera

53. ¿Cuál es una promesa que usted hace cuando se convierte en ciudadano de los Estados Unidos?

Renunciar a la lealtad a otros países defender la Constitución y las leyes de los Estados Unidos obedecer las leyes de los Estados Unidos prestar servicio en las Fuerzas Armadas de los Estados Unidos (de ser necesario) prestar servicio a (realizar trabajo importante para) la nación (de ser necesario) ser leal a los Estados Unidos

54. ¿Cuántos años tienen que tener los ciudadanos para votar por el Presidente?*

dieciocho (18) años en adelante

55. ¿Cuáles son dos maneras mediante las cuales los ciudadanos americanos pueden participar en su democracia?

votar
afiliarse a un partido político
ayudar en una campaña
unirse a un grupo cívico
unirse a un grupo comunitario
presentar su opinión sobre un asunto a un oficial elegido
llamar a los senadores y representantes
apoyar u oponerse públicamente a un asunto o política

postularse a un cargo político
enviar una carta o mensaje a un periódico

56. **¿Cuál es la fecha límite para enviar la declaración federal de impuesto sobre el ingreso?***
   el 15 de abril

57. **¿Cuándo deben inscribirse todos los hombres en el Servicio Selectivo?**
   a la edad de dieciocho (18) años
   entre los dieciocho (18) y veintiséis (26) años de edad

Historia Americana
A: Época colonial e independencia

58. **¿Cuál es una razón por la que los colonos vinieron a los Estados Unidos?**
   libertad
   libertad política
   libertad religiosa
   oportunidad económica
   para practicar su religión
   para huir de la persecución

59. **¿Quiénes vivían en los Estados Unidos antes de la llegada de los europeos?**
   Indios americanos
   Nativos americanos

60. **¿Qué pueblo fue traído a los Estados Unidos y vendido como esclavos?**
   Africanos
   gente de África

61. ¿Por qué lucharon los colonos contra los británicos?

> debido a los impuestos altos (impuestos sin representación) el ejército británico se quedó en sus casas (alojamiento, acuartelamiento) no tenían autodeterminación

62. ¿Quién escribió la Declaración de Independencia?

> (Thomas) Jefferson

63. ¿Cuándo fue adoptada la Declaración de Independencia?

> el 4 de julio de 1776

64. Había 13 estados originales. Nombre tres.

Nueva Hampshire	Nueva Jersey
Massachusetts	Pennsylvania
Rhode Island	Delaware
Connecticut	Maryland
Carolina del Norte	Virginia
Carolina del Sur	Georgia
Nueva York	

65. ¿Qué ocurrió en la Convención Constitucional?

> Se redactó la Constitución.
> Los Padres Fundadores redactaron la Constitución.

66. ¿Cuándo fue escrita la Constitución?

> 1787

67. Los ensayos conocidos como "Los Federalistas" respaldaron la aprobación de la Constitución de los Estados Unidos. Nombre uno de los autores.

(James) Madison
(Alexander) Hamilton
(John) Jay
Publius

68. Mencione una razón por la que es famoso Benjamin Franklin.

diplomático americano
el miembro de mayor edad de la Convención
Constitucional
primer Director General de Correos de los
Estados Unidos
autor de "Poor Richard's Almanac" (Almanaque del
Pobre Richard)
fundó las primeras bibliotecas gratuitas

69. ¿Quién se conoce como el "Padre de Nuestra Nación"?

(George) Washington

70. ¿Quién fue el primer Presidente?*

(George) Washington

B: Los años 1800

71. ¿Qué territorio compró los Estados Unidos de Francia en 1803?

el territorio de Louisiana
Louisiana

72.   Mencione una guerra durante los años 1800 en la que peleó los Estados Unidos.

la Guerra de 1812
la Guerra entre México y los Estados Unidos
la Guerra Civil
la Guerra Hispanoamericana

73.   Dé el nombre de la guerra entre el Norte y el Sur de los Estados Unidos.

la Guerra Civil
la Guerra entre los Estados

74.   Mencione un problema que condujo a la Guerra Civil.

esclavitud
razones económicas
derechos de los estados

75.   ¿Qué fue una cosa importante que hizo Abraham Lincoln?*

liberó a los esclavos (Proclamación de la
Emancipación) salvó (o preservó) la Unión
presidió los Estados Unidos durante la Guerra Civil

76.   ¿Qué hizo la Proclamación de la Emancipación?

liberó a los esclavos
liberó a los esclavos de la Confederación
liberó a los esclavos en los estados de la
*   Confederación*
liberó a los esclavos en la mayoría de los estados del
*   Sur*

16

77. **¿Qué hizo Susan B. Anthony?**
luchó por los derechos de la mujer
luchó por los derechos civiles

C: Historia americana reciente y otra información histórica importante

78. **Mencione una guerra durante los años 1900 en la que peleó los Estados Unidos.***
la Primera Guerra Mundial
la Segunda Guerra Mundial
la Guerra de Corea
la Guerra de Vietnam
la Guerra del Golfo (Persa)

79. **¿Quién era presidente durante la Primera Guerra Mundial?**
(Woodrow) Wilson

80. **¿Quién era presidente durante la Gran Depresión y la Segunda Guerra Mundial?**
(Franklin) Roosevelt

81. **¿Contra qué países peleó los Estados Unidos en la Segunda Guerra Mundial?**
Japón, Alemania e Italia

82. **Antes de ser presidente, Eisenhower era general. ¿En qué guerra participó?**
Segunda Guerra Mundial

83. **Durante la Guerra Fría, ¿cuál era la principal preocupación de los Estados Unidos?**

Comunismo

84. **¿Qué movimiento trató de poner fin a la discriminación racial?**

(el movimiento en pro de los) derechos civiles

85. **¿Qué hizo Martin Luther King, Jr.?***

luchó por los derechos civiles
trabajó por la igualdad de todos los ciudadanos
  americanos

86. **¿Qué suceso de gran magnitud ocurrió el 11 de septiembre de 2001 en los Estados Unidos?**

Los terroristas atacaron los Estados Unidos.

87. **Mencione una tribu de indios americanos de los Estados Unidos.**

[A los oficiales del USCIS se les dará una lista de tribus amerindias reconocidas a nivel federal.]

Cherokee	*Cheyenne*
Navajo	*Arawak*
Sioux	*Shawnee*
Chippewa	*Mohegan*
Choctaw	*Huron*
Pueblo	*Oneida*
Apache	*Lakota*
Iroquois	*Crow*
Creek	*Teton*
Blackfeet	*Hopi*
Seminole	*Inuit*

Civismo Integrado

A: Geografía

88. Mencione uno de los dos ríos más largos en los Estados Unidos.

(el río) Missouri
(el río) Mississippi

89. ¿Qué océano está en la costa oeste de los Estados Unidos?

(el océano) Pacífico

90. ¿Qué océano está en la costa este de los Estados Unidos?

(el océano) Atlántico

91. Dé el nombre de un territorio de los Estados Unidos.

Puerto Rico
Islas Vírgenes de los Estados Unidos
Samoa Americana
Islas Marianas del Norte
Guam

92. Mencione un estado que tiene frontera con Canadá.

Maine
Nueva Hampshire
Vermont
Nueva York
Pennsylvania
Ohio
Michigan

Minnesota
Dakota del Norte
Montana
Idaho
Washington
Alaska

93. Mencione un estado que tiene frontera con México.

California

Arizona

Nuevo México

Texas

94. ¿Cuál es la capital de los Estados Unidos?*

Washington, D.C.

95. ¿Dónde está la Estatua de la Libertad?*

(el puerto de) Nueva York, Liberty Island

[Otras respuestas aceptables son Nueva Jersey, cerca de la Ciudad de Nueva York y (el río) Hudson.]

B: Símbolos

96. ¿Por qué hay 13 franjas en la bandera?

porque representan las 13 colonias originales

porque las franjas representan las colonias originales

97. ¿Por qué hay 50 estrellas en la bandera?*

porque hay una estrella por cada estado

porque cada estrella representa un estado

porque hay 50 estados

98. ¿Cómo se llama el himno nacional?

The Star-Spangled Banner

C: Días feriados

99.¿Cuándo celebramos el Día de la Independencia?*

el 4 de julio

100. Mencione dos días feriados nacionales de los Estados Unidos.

el Día de Año Nuevo
el Día de Martin Luther King, Jr.
el Día de los Presidentes
el Día de la Recordación
el Día de la Independencia
el Día del Trabajo
el Día de la Raza (Cristóbal Colón)
el Día de los Veteranos
el Día de Acción de Gracias
el Día de Navidad

Preguntas de civismo (historia y sistema de gobierno) para el Examen de Naturalización rediseñado

* Si usted tiene 65 de edad o más y hace 20 años o más que es residente permanente legal de los Estados Unidos, puede limitarse sólo al estudio de las preguntas marcadas con asterisco.

Preguntas: #6, 11, 13, 17, 20, 27, 28, 44, 45, 49, 54, 56, 70, 75, 78, 85, 94, 95, 97, 99

6. **¿Cuál es un derecho o libertad que la Primera Enmienda garantiza?***

expresión

religión

reunión

prensa

peticionar al gobierno

11. **¿Cuál es el sistema económico de los Estados Unidos?***

economía capitalista

economía del mercado

13. **Nombre una rama o parte del gobierno.***

Congreso

Poder legislativo

Presidente

Poder ejecutivo

los tribunales

Poder judicial

17. **¿Cuáles son las dos partes que integran el Congreso de los Estados Unidos?***

el Senado y la Cámara (de Representantes)

20. **Nombre a uno de los senadores actuales del estado donde usted vive.***

Las respuestas variarán. [Los residentes del Distrito de Columbia y los territorios de los Estados Unidos deberán contestar que el D.C. (o territorio en donde vive el solicitante) no cuenta con Senadores a nivel nacional.]

27. **¿En qué mes votamos por un nuevo presidente?***

Noviembre

28. **¿Cómo se llama el actual Presidente de los Estados Unidos?***

Barack Obama

Obama

44. **¿Cuál es la capital de su estado?***

Las respuestas variarán. [Los residentes del Distrito de Columbia deben contestar que el D.C. no es estado y que no tiene capital. Los residentes de los territorios de los Estados

Unidos deben dar el nombre de la capital del territorio.]

45. **¿Cuáles son los dos principales partidos políticos de los Estados Unidos?***

Demócrata y Republicano

49. ¿Cuál es una responsabilidad que corresponde sólo a los ciudadanos de los Estados Unidos?*

prestar servicio en un jurado
votar en una elección federal

54. ¿Cuántos años tienen que tener los ciudadanos para votar por el Presidente?*

dieciocho (18) años en adelante

56. ¿Cuál es la fecha límite para enviar la declaración federal de impuesto sobre el ingreso?*

el 15 de abril

70. ¿Quién fue el primer Presidente?*

(George) Washington

75. ¿Qué fue una cosa importante que hizo Abraham Lincoln?*

liberó a los esclavos (Proclamación de la Emancipación) salvó (o preservó) la Unión presidió los Estados Unidos durante la Guerra Civil

78. Mencione una guerra durante los años 1900 en la que peleó los Estados Unidos.*

la Primera Guerra Mundial
la Segunda Guerra Mundial
la Guerra de Corea
la Guerra de Vietnam
la Guerra del Golfo (Persa)

85. ¿Qué hizo Martin Luther King, Jr.?*
     luchó por los derechos civiles
     trabajó por la igualdad de todos los ciudadanos
       americanos

94. ¿Cuál es la capital de los Estados Unidos?*
     Washington, D.C.

95. ¿Dónde está la Estatua de la Libertad?*
     (el puerto de) Nueva York, Liberty Island
     [Otras respuestas aceptables son Nueva Jersey, cerca de la
     Ciudad de Nueva York y (el río) Hudson.]

97. ¿Por qué hay 50 estrellas en la bandera?*
     porque hay una estrella por cada estado
     porque cada estrella representa un estado
     porque hay 50 estados

99. ¿Cuándo celebramos el Día de la Independencia?*
     el 4 de julio

Introduction

Civics (History and Government) Questions for the Redesigned (New) Naturalization Test

The 100 civics (history and government) questions and answers for the redesigned (new) naturalization test are sted below. Applicants who filed the *Application for Naturalization, Form N-400,* on or after October 1, 2008, should study this list. The civics test is an oral test and the USCIS Officer will ask the applicant up to 10 of the 100 civics questions. An applicant must answer 6 out of _0 questions correctly to pass the civics portion of the naturalization test.

Although USCIS is aware that there may be additional correct answers to the 100 civics questions, applicants are encouraged to respond to the civics questions using the answers provided below.

* If you are 65 years old or older and have been a legal permanent resident of the United States for 20 or more years, you may study just the questions that have been marked with an asterisk.

American Government

A: Principles of American Democracy

1. **What is the supreme law of the land?**
   the Constitution

2. **What does the Constitution do?**
   sets up the government
   defines the government
   protects basic rights of Americans

3. **The idea of self-government is in the first three words of the Constitution. What are these words?**
   We the People

4. **What is an amendment?**
   a change (to the Constitution)
   an addition (to the Constitution)

5. **What do we call the first ten amendments to the Constitution?**
   the Bill of Rights

6. **What is one right or freedom from the First Amendment?***
   speech
   religion
   assembly
   press
   petition the government

7. **How many amendments does the Constitution have?**

twenty-seven (27)

8. **What did the Declaration of Independence do?**

announced our independence (from Great Britain)
declared our independence (from Great Britain)
said that the United States is free (from Great Britain)

9. **What are two rights in the Declaration of Independence?**

life
liberty
pursuit of happiness

10. **What is freedom of religion?**

You can practice any religion, or not practice a

11. **What is the economic system in the United States?***

capitalist economy
market economy

12. **What is the "rule of law"?**

Everyone must follow the law.
Leaders must obey the law.
Government must obey the law.
No one is above the law.

B: System of Government

13. Name one branch or part of the government.*
  Congress
  legislative
  President
  executive
  the courts
  judicial

14. What stops one branch of government from becoming too powerful?
  checks and balances
  separation of powers

15. Who is in charge of the executive branch?
  the President

16. Who makes federal laws?
  Congress
  Senate and House (of Representatives)
  (U.S. or national) legislature

17. What are the two parts of the U.S. Congress?*
  the Senate and House (of Representatives)

18. How many U.S. Senators are there?
  one hundred (100)

19. We elect a U.S. Senator for how many years?
  six (6)

20. Who is one of your state's U.S. Senators now?*

Answers will vary. [District of Columbia residents and residents of U.S. territories should answer that D.C. (or the territory where the applicant lives) has no U.S. Senators.]

U.S. Senators by State

Alabama:
Sessions, Jeff - (R - AL)
Shelby, Richard C. - (R - AL)

Alaska
Begich, Mark - (D - AK)
Murkowski, Lisa - (R - AK)

Arizona
Kyl, Jon - (R - AZ)
McCain, John - (R - AZ)

Arkansas
Lincoln, Blanche L. - (D - AR)
Pryor, Mark L. - (D - AR)

California
Boxer, Barbara - (D - CA)
Feinstein, Dianne - (D - CA)

Colorado
Bennet, Michael F. - (D - CO)
Udall, Mark - (D - CO)

Connecticut
Dodd, Christopher J. - (D - CT)
Lieberman, Joseph I. - (ID - CT)

Delaware
Carper, Thomas R. - (D - DE)
Kaufman, Edward E. - (D - DE)

Florida
Martinez, Mel - (R - FL)
Nelson, Bill - (D - FL)

Georgia
Chambliss, Saxby - (R - GA)
Isakson, Johnny - (R - GA)

Hawaii
Akaka, Daniel K. - (D - HI)
Inouye, Daniel K. - (D - HI)

Idaho
Crapo, Mike - (R - ID)
Risch, James E. - (R - ID)

Illinois
Burris, Roland W. - (D - IL)
Durbin, Richard J. - (D - IL)

Indiana
Bayh, Evan - (D - IN)
Lugar, Richard G. - (R - IN)

Iowa
Grassley, Chuck - (R - IA)
Harkin, Tom - (D - IA)

Kansas
Brownback, Sam - (R - KS)
Roberts, Pat - (R - KS)

Kentucky
Bunning, Jim - (R - KY)
McConnell, Mitch - (R - KY)

Louisiana
Landrieu, Mary L. - (D - LA)
Vitter, David - (R - LA)

Maine
Collins, Susan M. - (R - ME)
Snowe, Olympia J. - (R - ME)

Maryland
Cardin, Benjamin L. - (D - MD)
Mikulski, Barbara A. - (D - MD)

Massachusetts
Kennedy, Edward M. - (D - MA)
Kerry, John - (D - MA)

Michigan
Levin, Carl - (D - MI)
Stabenow, Debbie - (D - MI)

Minnesota
Franken, Al (D - MN)
Klobuchar, Amy - (D - MN)

Mississippi
Cochran, Thad - (R - MS)
Wicker, Roger F. - (R - MS)

Missouri
Bond, Christopher S. - (R - MO)
McCaskill, Claire - (D - MO)

Montana
Baucus, Max - (D - MT)
Tester, Jon - (D - MT)

Nebraska
Johanns, Mike - (R - NE)
Nelson, Ben - (D - NE)

Nevada
Ensign, John - (R - NV)
Reid, Harry - (D - NV)

New Hampshire
Gregg, Judd - (R - NH)
Shaheen, Jeanne - (D - NH)

New Jersey
Lautenberg, Frank R. - (D - NJ)
Menendez, Robert - (D - NJ)

New Mexico
Bingaman, Jeff - (D - NM)
Udall, Tom - (D - NM)

New York
Gillibrand, Kirsten E. - (D - NY)
Schumer, Charles E. - (D - NY)

North Carolina
Burr, Richard - (R - NC)
Hagan, Kay R. - (D - NC)

North Dakota
Conrad, Kent - (D - ND)
Dorgan, Byron L. - (D - ND)

Ohio
Brown, Sherrod - (D - OH)
Voinovich, George V. - (R - OH)

Oklahoma
Coburn, Tom - (R - OK)
Inhofe, James M. - (R - OK)

Oregon
Merkley, Jeff - (D - OR)
Wyden, Ron - (D - OR)

Pennsylvania
Casey, Robert P., Jr. - (D - PA)
Specter, Arlen - (D - PA)

Rhode Island
Reed, Jack - (D - RI)
Whitehouse, Sheldon - (D - RI)

South Carolina
DeMint, Jim - (R - SC)
Graham, Lindsey - (R - SC)

South Dakota
Johnson, Tim - (D - SD)
Thune, John - (R - SD)

Tennessee
Alexander, Lamar - (R - TN)
Corker, Bob - (R - TN)

Texas
Cornyn, John - (R - TX)
Hutchison, Kay Bailey - (R - TX)

Utah
Bennett, Robert F. - (R - UT)
Hatch, Orrin G. - (R - UT)

Vermont
Leahy, Patrick J. - (D - VT)
Sanders, Bernard - (I - VT)

Virginia
Warner, Mark R. - (D - VA)
Webb, Jim - (D - VA)

Washington
Cantwell, Maria - (D - WA)
Murray, Patty - (D - WA)

West Virginia
Byrd, Robert C. - (D - WV)
Rockefeller, John D. - (D - WV)

Wisconsin
Feingold, Russell - (D - WI)
Kohl, Herb - (D - WI)

Wyoming
Byrazo, John - (R - WY)
Enzi, Michael - (R - WY)

21. The House of Representatives has how many voting members?

four hundred thirty-five (435)

22. We elect a U.S. Representative for how many years?

two (2)

23. Name your U.S. Representative.

▪ Answers will vary–see below. [Residents of territories with non-voting Delegates or Resident Commissioners may provide the name of that Delegate or Commissioner. Also acceptable is any statement that the territory has no (voting) Representatives in Congress.]

House of Representatives of the United States
Official List of Members

ALABAMA

01	Jo Bonner	Mobile
02	Bobby Bright	Montgomery
03	Mike Rogers	Anniston
04	Robert B. Aderholt	Haleyville
05	Parker Griffith	Huntsville
06	Spencer Bachus	Vestavia Hills
07	Artur Davis	Birmingham

ALASKA
At Large Don Young   Fort Yukon

AMERICAN SAMOA
Delegate only
    Eni F. H. Faleomavaega   Vailoatai

ARIZONA
01	Ann Kirkpatrick	Flagstaff
02	Trent Franks	Glendale
03	John B. Shadegg	Phoenix
04	Ed Pastor	Phoenix
05	Harry E. Mitchell	Tempe
06	Jeff Flake	Mesa
07	Raúl M. Grijalva	Tucson
08	Gabrielle Giffords	Tucson

ARKANSAS
01	Marion Berry	Gillett
02	Vic Snyder	Little Rock
03	John Boozman	Rogers
04	Mike Ross	Prescott

CALIFORNIA
01	Mike Thompson	St. Helena
02	Wally Herger	Chico
03	Daniel E. Lungren	Gold River
04	Tom McClintock	Roseville
05	Doris O. Matsui	Sacramento
06	Lynn C. Woolsey	Petaluma
07	George Miller	Martinez
08	Nancy Pelosi	San Francisco
09	Barbara Lee	Oakland
10	Ellen O. Tauscher	Alamo
11	Jerry McNerney	Pleasanton
12	Jackie Speier	Hillsborough
13	Fortney Pete Stark	Fremont
14	Anna G. Eshoo	Atherton
15	Michael M. Honda	San Jose
16	Zoe Lofgren	San Jose
17	Sam Farr	Carmel
18	Dennis A. Cardoz	Atwater
19	George Radanovich	Mariposa
20	Jim Costa	Fresno
21	Devin Nunes	Tulare
22	Kevin McCarthy	Bakersfield
23	Lois Capps	Santa Barbara
24	Elton Gallegly	Simi Valley
25	Howard P. ``Buck'' McKeon	Santa Clarita
26	David Dreier	San Dimas
27	Brad Sherman	Sherman Oaks
28	Howard L. Berman	North Hollywood

29	Adam B. Schiff	Burbank
30	Henry A. Waxman.	Los Angeles
31	Xavier Becerra	Los Angeles
32	Judy Chu	Los Angeles
33	Diane E. Watson	Los Angeles
34	Lucille Roybal-Allard	Los Angeles
35	Maxine Waters	Los Angeles
36	Jane Harman	Venice
37	Laura Richardson	Long Beach
38	Grace F. Napolitan.	Norwalk
39	Linda T. Sánchez	Lakewood
40	Edward R. Royce	Fullerton
41	Jerry Lewis	Redlands
42	Gary G. Miller	Diamond Bar
43	Joe Baca	Rialto
44	Ken Calvert	Corona
45	Mary Bono Mack	Palm Springs
46	Dana Rohrabache	Huntington Beach
47	Loretta Sanchez	Anaheim
48	John Campbell	Irvine
49	Darrell E. Issa	Vista
50	Brian P. Bilbray	Carlsbad
51	Bob Filner	San Diego
52	Duncan Hunter	Lakeside
53	Susan A. Davis	San Diego

COLORADO
01	Diana DeGette	Denver
02	Jared Polis	Boulder
03	John T. Salazar	Manassa
04	Betsy Markey	Fort Collins
05	Doug Lamborn	Colorado Springs
06	Mike Coffman	Aurora
07	Ed Perlmutter	Golden

CONNECTICUT
01	John B. Larson	East Hartford
02	Joe Courtney	Vernon
03	Rosa L. DeLauro	New Haven
04	James A. Himes	Cos Cob
05	Christopher S. Murphy	Cheshire

DELAWARE
At Large
Michael N. Castle — Wilmington

DISTRICT OF COLUMBIA
Delegate
Eleanor Holmes Norton — District of Columbia

FLORIDA
01	Jeff Miller	Chumuckla
02	Allen Boyd	Monticello
03	Corrine Brown	Jacksonville
04	Ander Crenshaw	Jacksonville
05	Ginny Brown-Waite	Brooksville
06	Cliff Stearns	Ocala
07	John L. Mica	Winter Park
08	Alan Grayson	Orlando
09	Gus M. Bilirakis	Palm Harbor
10	C. W. Bill Young	Indian Shores
11	Kathy Castor	Tampa
12	Adam H. Putnam	Bartow
13	Vern Buchanan	Sarasota
14	Connie Mack	Fort Myers
15	Bill Posey	Rockledge
16	Thomas J. Rooney	Tequesta
17	Kendrick B. Meek	Miami
18	Ileana Ros-Lehtinen	Miami
19	Robert Wexler	Boca Raton
20	Debbie Wasserman Schultz	Weston
21	Lincoln Diaz-Balart	Miami
22	Ron Klein	Boca Raton
23	Alcee L. Hastings	Miramar
24	Suzanne M. Kosmas	New Smyrna Beach
25	Mario Diaz-Balart	Miami

GEORGIA
01	Jack Kingston	Savannah
02	Sanford D. Bishop Jr.	Albany
03	Lynn A. Westmoreland	Grantville
04	Henry C. ``Hank" Johnson Jr.	Lithonia
05	John Lewis	Atlanta
06	Tom Price	Roswell
07	John Linder	Duluth
08	Jim Marshall	Macon
09	Nathan Deal	Gainesville
10	Paul C. Broun	Athens
11	Phil Gingrey	Marietta
12	John Barrow	Savannah
13	David Scott	Atlanta

GUAM
Delegate only
| | Madeleine Z. Bordallo | Hagatna |

HAWAII
| 01 | Neil Abercrombie | Honolulu |
| 02 | Mazie K. Hirono | Honolulu |

IDAHO
01	Walt Minnick	Boise
02	Michael K. Simpson	Idaho Falls

ILLINOIS
01	Bobby L. Rush	Chicago
02	Jesse L. Jackson Jr.	Chicago
03	Daniel Lipinski	Western Springs
04	Luis V. Gutierrez	Chicago
05	Mike Quigley 1	Chicago
06	Peter J. Roskam	Wheaton
07	Danny K. Davis	Chicago
08	Melissa L. Bean	Barrington
09	Janice D. Schakowsky	Evanston
10	Mark Steven Kirk	Highland Park
11	Deborah L. Halvorson	Crete
12	Jerry F. Costello .	Belleville
13	Judy Biggert	Hinsdale
14	Bill Foster	Batavia
15	Timothy V. Johnson	Urbana
16	Donald A. Manzullo	Egan
17	Phil Hare	Rock Island
18	Aaron Schock	Peoria
19	John Shimkus	Collinsville

INDIANA
01	Peter J. Visclosky	Merrillville
02	Joe Donnelly	Granger
03	Mark E. Souder	Fort Wayne
04	Steve Buyer	Monticello
05	Dan Burton	Indianapolis
06	Mike Pence	Columbus
07	André Carson	Indianapolis
08	Brad Ellsworth	Evansville
09	Baron P. Hill	Seymour

IOWA
01	Bruce L. Braley	Waterloo
02	David Loebsack	Mt. Vernon
03	Leonard L. Boswell	Des Moines
04	Tom Latham	Ames
05	Steve King	Kiron

KANSAS
01	Jerry Moran	Hays
02	Lynn Jenkins	Topeka
03	Dennis Moore	Lenexa
04	Todd Tiahrt	Goddard

KENTUCKY
01	Ed Whitfield	Hopkinsville
02	Brett Guthrie	Bowling Green
03	John A. Yarmuth	Louisville
04	Geoff Davis	Hebron
05	Harold Rogers	Somerset
06	Ben Chandler	Versailles

LOUISIANA
01	Steve Scalise	Jefferson
02	Anh ``Joseph" Cao	New Orleans
03	Charlie Melancon	Napoleonville
04	John Fleming	Minden
05	Rodney Alexander	Quitman
06	Bill Cassidy	Baton Rouge
07	Charles W. Boustany Jr.	Lafayette

MAINE
| 01 | Chellie Pingree | North Haven |
| 02 | Michael H. Michaud | East Millinocket |

MARYLAND
01	Frank Kratovil Jr.	Stevensville
02	C. A. Dutch Ruppersberger	Cockeysville
03	John P. Sarbanes	Baltimore
04	Donna F. Edwards	Fort Washington
05	Steny H. Hoyer	Mechanicsville
06	Roscoe G. Bartlett	Frederick
07	Elijah E. Cummings	Baltimore
08	Chris Van Hollen	Kensington

MASSACHUSETTS
01	John W. Olver	Amherst
02	Richard E. Neal	Springfield
03	James P. McGovern	Worcester
04	Barney Frank	Newton
05	Niki Tsongas	Lowell
06	John F. Tierney	Salem
07	Edward J. Markey	Malden
08	Michael E. Capuano	Somerville
09	Stephen F. Lynch	South Boston
10	William D. Delahunt	Quincy

MICHIGAN
01	Bart Stupak	Menominee
02	Peter Hoekstra	Holland
03	Vernon J. Ehlers	Grand Rapids
04	Dave Camp	Midland
05	Dale E. Kildee	Flint
06	Fred Upton	St. Joseph
07	Mark H. Schauer	Battle Creek
08	Mike Rogers	Brighton

09	Gary C. Peters	Bloomfield Township
10	Candice S. Miller	Harrison Township
11	Thaddeus G. McCotter	Livonia
12	Sander M. Levin	Royal Oak
13	Carolyn C. Kilpatrick	Detroit
14	John Conyers Jr.	Detroit
15	John D. Dingell	Dearborn

MINNESOTA

01	Timothy J. Walz	Mankato
02	John Kline	Lakeville
03	Erik Paulsen	Eden Prairie
04	Betty McCollum	St. Paul
05	Keith Ellison	Minneapolis
06	Michele Bachmann	Stillwater
07	Collin C. Peterson	Detroit Lakes
08	James L. Oberstar	Chisholm

MISSISSIPPI

01	Travis W. Childers	Booneville
02	Bennie G. Thompson	Bolton
03	Gregg Harper	Pearl
04	Gene Taylor	Bay St. Louis

MISSOURI

01	Wm. Lacy Clay	St. Louis
02	W. Todd Akin	St. Louis
03	Russ Carnahan	St. Louis
04	Ike Skelton	Lexington
05	Emanuel Cleaver	Kansas City
06	Sam Graves	Tarkio
07	Roy Blunt	Springfield
08	Jo Ann Emerson	Cape Girardeau
09	Blaine Luetkemeyer	St. Elizabeth

MONTANA

| At Large Denny Rehberg | Billings |

NEBRASKA

01	Jeff Fortenberry	Lincoln
02	Lee Terry	Omaha
03	Adrian Smith	Gering

NEVADA

01	Shelley Berkley	Las Vegas
02	Dean Heller	Carson City
03	Dina Titus	Las Vegas

NEW HAMPSHIRE

| 01 | Carol Shea-Porter | Rochester |
| 02 | Paul W. Hodes | Concord |

NEW JERSEY

01	Robert E. Andrews	Haddon Heights
02	Frank A. LoBiondo	Ventnor
03	John H. Adler	Cherry Hill
04	Christopher H. Smith	Hamilton
05	Scott Garrett	Wantage
06	Frank Pallone Jr.	Long Branch
07	Leonard Lance	Clinton Township
08	Bill Pascrell Jr.	Paterson
09	Steven R. Rothman	Fair Lawn
10	Donald M. Payne	Newark
11	Rodney P. Frelinghuysen	Morristown
12	Rush D. Holt	Hopewell Township
13	Albio Sires	West New York

NEW MEXICO

01	Martin Heinrich	Albuquerque
02	Harry Teague	Hobbs
03	Ben Ray Luján	Nambé

NEW YORK

01	Timothy H. Bishop	Southampton
02	Steve Israel	Huntington
03	Peter T. King	Seaford
04	Carolyn McCarthy	Mineola
05	Gary L. Ackerman	Roslyn Heights
06	Gregory W. Meeks	Queens
07	Joseph Crowley	Queens/Bronx
08	Jerrold Nadler	New York
09	Anthony D. Weiner	Queens
10	Edolphus Towns	Brooklyn
11	Yvette D. Clarke	Brooklyn
12	Nydia M. Velázquez	Brooklyn
13	Michael E. McMahon	Staten Island
14	Carolyn B. Maloney	New York
15	Charles B. Rangel	New York
16	José E. Serrano	Bronx
17	Eliot L. Engel	Bronx
18	Nita M. Lowey	Harrison
19	John J. Hall	Dover Plains
20	Scott Murphy 1	Glens Falls
21	Paul Tonko	Amsterdam
22	Maurice D. Hinchey	Saugerties
23	John M. McHugh	Pierrepont Manor
24	Michael A. Arcuri	Utica
25	Daniel B. Maffei	DeWitt
26	Christopher John Lee	Clarence
27	Brian Higgins	Buffalo
28	Louise McIntosh Slaughter	Fairport
29	Eric J. J. Massa	Corning

NORTH CAROLINA
01	G. K. Butterfield	Wilson
02	Bob Etheridge	Lillington
03	Walter B. Jones	Farmville
04	David E. Price	Chapel Hill
05	Virginia Foxx	Grandfather Community
06	Howard Coble	Greensboro
07	Mike McIntyre	Lumberton
08	Larry Kissell	Biscoe
09	Sue Wilkins Myrick	Charlotte
10	Patrick T. McHenry	Cherryville
11	Heath Shuler	Waynesville
12	Melvin L. Watt	Charlotte
13	Brad Miller	Raleigh

NORTH DAKOTA
At Large
Earl Pomeroy   Valley City

NORTHERN MARIANA ISLANDS
Delegate Only
Gregorio Kilili Camacho Sablan   Saipan

OHIO
01	Steve Driehaus	Cincinnati
02	Jean Schmidt	Miami Township
03	Michael R. Turner	Dayton
04	Jim Jordan	Urbana
05	Robert E. Latta	Bowling Green
06	Charles A. Wilson	St. Clairsville
07	Steve Austria	Beavercreek
08	John A. Boehner	West Chester
09	Marcy Kaptur	Toledo
10	Dennis J. Kucinich	Cleveland
11	Marcia L. Fudge	Warrensville Heights
12	Patrick J. Tiberi	Galena
13	Betty Sutton	Copley
14	Steven C. LaTourette	Bainbridge Township
15	Mary Jo Kilroy	Columbus
16	John A. Boccieri	Alliance
17	Tim Ryan	Niles
18	Zachary T. Space	Dover

OKLAHOMA
01	John Sullivan	Tulsa
02	Dan Boren	Muskogee
03	Frank D. Lucas	Cheyenne
04	Tom Cole	Moore
05	Mary Fallin	Oklahoma City

OREGON
01	David Wu	Portland
02	Greg Walden	Hood River
03	Earl Blumenauer	Portland
04	Peter A. DeFazio	Springfield
05	Kurt Schrader	Canby

PENNSYLVANIA
01	Robert A. Brady	Philadelphia
02	Chaka Fattah	Philadelphia
03	Kathleen A. Dahlkemper	Erie
04	Jason Altmire	McCandless
05	Glenn Thompson	Howard
06	Jim Gerlach	Chester Springs
07	Joe Sestak	Edgmont
08	Patrick J. Murphy	Bristol
09	Bill Shuster	Hollidaysburg
10	Christopher P. Carney	Dimock
11	Paul E. Kanjorski	Nanticoke
12	John P. Murtha	Johnstown
13	Allyson Y. Schwartz	Jenkintown
14	Michael F. Doyle	Forest Hills
15	Charles W. Dent	Allentown
16	Joseph R. Pitts	Kennett Square
17	Tim Holden	Saint Clair
18	Tim Murphy	Pittsburgh
19	Todd Russell Platts	York

PUERTO RICO
Resident Commissioner only
Pedro R. Pierluisi	San Juan

RHODE ISLAND
01	Patrick J. Kennedy	Portsmouth
02	James R. Langevin	Warwick

SOUTH CAROLINA
01	Henry E. Brown Jr.	Hanahan
02	Joe Wilson	Springdale
03	J. Gresham Barrett	Westminster
04	Bob Inglis	Travelers Rest
05	John M. Spratt Jr.	York
06	James E. Clyburn	Columbia

SOUTH DAKOTA
At Large:
Stephanie Herseth Sandlin	Brookings

TENNESSEE
01	David P. Roe	Johnson City
02	John J. Duncan Jr.	Knoxville
03	Zach Wamp	Chattanooga
04	Lincoln Davis	Pall Mall
05	Jim Cooper	Nashville
06	Bart Gordon	Murfreesboro
07	Marsha Blackburn	Brentwood
08	John S. Tanner	Union City
09	Steve Cohen	Memphis

TEXAS
01	Louie Gohmert	Tyler
02	Ted Poe	Humble
03	Sam Johnson	Plano
04	Ralph M. Hall	Rockwall
05	Jeb Hensarling	Dallas
06	Joe Barton	Ennis
07	John Abney Culberson	Houston
08	Kevin Brady	The Woodlands
09	Al Green	Houston
10	Michael T. McCaul	Austin
11	K. Michael Conaway	Midland
12	Kay Granger	Fort Worth
13	Mac Thornberry	Clarendon
14	Ron Paul	Lake Jackson
15	Rubén Hinojosa	Mercedes
16	Silvestre Reyes	El Paso
17	Chet Edwards	Waco
18	Sheila Jackson-Lee	Houston
19	Randy Neugebauer	Lubbock
20	Charles A. Gonzalez	San Antonio
21	Lamar Smith	San Antonio
22	Pete Olson	Sugar Land
23	Ciro D. Rodriguez	San Antonio
24	Kenny Marchant	Coppell
25	Lloyd Doggett	Austin
26	Michael C. Burgess	Lewisville
27	Solomon P. Ortiz	Corpus Christi
28	Henry Cuellar	Laredo
29	Gene Green	Houston
30	Eddie Bernice Johnson	Dallas
31	John R. Carter	Round Rock
32	Pete Sessions	Dallas

UTAH
01	Rob Bishop	Brigham City
02	Jim Matheson	Salt Lake City
03	Jason Chaffetz	Alpine

VERMONT
At Large
    Peter Welch   Hartland

VIRGIN ISLANDS
Delegate only
    Donna M. Christensen   St. Croix

VIRGINIA
01	Robert J. Wittman	Montross
02	Glenn C. Nye	Norfolk
03	Robert C. ``Bobby'' Scott	Newport News
04	J. Randy Forbes	Chesapeake
05	Thomas S. P. Perriello	Charlottesville
06	Bob Goodlatte	Roanoke
07	Eric Cantor	Richmond
08	James P. Moran	Arlington
09	Rick Boucher .	Abingdon
10	Frank R. Wolf	Vienna
11	Gerald E. Connolly	Fairfax

WASHINGTON
01	Jay Inslee	Bainbridge Island
02	Rick Larsen	Everett
03	Brian Baird	Vancouver
04	Doc Hastings	Pasco
05	Cathy McMorris Rodgers	Spokane
06	Norman D. Dicks	Belfair
07	Jim McDermott	Seattle
08	David G. Reichert	Auburn
09	Adam Smith	Tacoma

WEST VIRGINIA
01	Alan B. Mollohan	Fairmont
02	Shelley Moore Capito	Charleston
03	Nick J. Rahall II	Beckley

WISCONSIN
01	Paul Ryan	Janesville
02	Tammy Baldwin	Madison
03	Ron Kind	La Crosse
04	Gwen Moore	Milwaukee
05	F. James Sensenbrenner Jr.	Menomonee Falls
06	Thomas E. Petri	Fond du Lac
07	David R. Obey	Wausau
08	Steve Kagen	Appleton

WYOMING
At Large   Cynthia M. Lummis   Cheyenne

24. **Who does a U.S. Senator represent?**
all people of the state

25. **Why do some states have more Representatives than other states?**
(because of) the state's population
(because) they have more people
(because) some states have more people

26. **We elect a President for how many years?**
four (4)

27. **In what month do we vote for President?***
November

28. **What is the name of the President of the United States now?***
Barack Obama
Obama

29. **What is the name of the Vice President of the United States now?**
Joseph R. Biden, Jr.
Joe Biden
Biden

30. **If the President can no longer serve, who becomes President?**
the Vice President

31. **If both the President and the Vice President can no longer serve, who becomes President?**
the Speaker of the House

32. Who is the Commander in Chief of the military?

the President

33. Who signs bills to become laws?

the President

34. Who vetoes bills?

the President

35. What does the President's Cabinet do?

advises the President

36. What are two Cabinet-level positions?

Secretary of Agriculture
Secretary of Commerce
Secretary of Defense
Secretary of Education
Secretary of Energy
Secretary of Health and Human Services
Secretary of Homeland Security
Secretary of Housing and Urban Development
Secretary of the Interior
Secretary of Labor
Secretary of State
Secretary of Transportation
Secretary of the Treasury
Secretary of Veterans Affairs
Attorney General
Vice President

37. What does the judicial branch do?

reviews laws

explains laws

resolves disputes (disagreements)

decides if a law goes against the Constitution

38. What is the highest court in the United States?

the Supreme Court

39. How many justices are on the Supreme Court?

nine (9)

40. Who is the Chief Justice of the United States now?

John Roberts (John G. Roberts, Jr.)

41. Under our Constitution, some powers belong to the federal government. What is one power of the federal government?

to print money

to declare war

to create an army

to make treaties

42. Under our Constitution, some powers belong to the states. What is one power of the states?

provide schooling and education

provide protection (police)

provide safety (fire departments)

give a driver's license

approve zoning and land use

43. **Who is the Governor of your state now?**

Answers will vary. [District of Columbia residents should answer that D.C. does not have a Governor.]

44. **What is the capital of your state?***

Answers will vary. [District of Columbia residents should answer that D.C. is not a state and does not have a capital. Residents of U.S. territories should name the capital of the territory.]

45. **What are the two major political parties in the United States?***

Democratic and Republican

46. **What is the political party of the President now?**

Democratic (Party)

47. **What is the name of the Speaker of the House of Representatives now?**

(Nancy) Pelosi

C: Rights and Responsibilities

48. **There are four amendments to the Constitution about who can vote. Describe one of them.**

Citizens eighteen (18) and older (can vote).
You don't have to pay (a poll tax) to vote.
Any citizen can vote. (Women and men can vote.)
A male citizen of any race (can vote).

49.   What is one responsibility that is only for United States citizens?*

serve on a jury
vote in a federal election

50.   Name one right only for United States citizens.

vote in a federal election
run for federal office

51.   What are two rights of everyone living in the United States?

freedom of expression
freedom of speech
freedom of assembly
freedom to petition the government
freedom of worship
the right to bear arms

52.   What do we show loyalty to when we say the Pledge of Allegiance?

the United States
the flag

53.   What is one promise you make when you become a United States citizen?

give up loyalty to other countries defend the Constitution and laws of the United States obey the laws of the United States serve in the U.S. military (if needed) serve (do important work for) the nation (if needed) be loyal to the United States

54. How old do citizens have to be to vote for President?*

eighteen (18) and older

55. What are two ways that Americans can participate in their democracy?

vote
join a political party
help with a campaign
join a civic group
join a community group
give an elected official your opinion on an issue
call Senators and Representatives
publicly support or oppose an issue or policy
run for office write to a newspaper

56. When is the last day you can send in federal income tax forms?*

April 15

57. When must all men register for the Selective Service?

at age eighteen (18)
between eighteen (18) and twenty-six (26)

American History

A: Colonial Period and Independence

58. What is one reason colonists came to America?
freedom
political liberty
religious freedom
economic opportunity
practice their religion
escape persecution

59. Who lived in America before the Europeans arrived?
American Indians
Native Americans

60. What group of people was taken to America and sold as slaves?
Africans
people from Africa

61. Why did the colonists fight the British?
because of high taxes (taxation without representation)
because the British army stayed in their houses (boarding, quartering) because they didn't have self-government

62. Who wrote the Declaration of Independence?
(Thomas) Jefferson

63. When was the Declaration of Independence adopted?

July 4, 1776

64. There were 13 original states. Name three.

New Hampshire	*Pennsylvania*
Massachusetts	*Delaware*
Rhode Island	*Maryland*
Connecticut	*Virginia*
New York	*North Carolina*
New Jersey	*South Carolina*
Georgia	

65. What happened at the Constitutional Convention?

The Constitution was written.
The Founding Fathers wrote the Constitution.

66. When was the Constitution written?

1787

67. The Federalist Papers supported the passage of the U.S. Constitution. Name one of the writers.

(James) Madison
(Alexander) Hamilton
(John) Jay
Publius

68.   What is one thing Benjamin Franklin is famous for?

U.S. diplomat oldest member of the Constitutional Convention first Postmaster General of the United States writer of "Poor Richard's Almanac" started the first free
libraries

69.   Who is the "Father of Our Country"?

(George) Washington

70. Who was the first President?*

(George) Washington

B: 1800s

71.   What territory did the United States buy from France in 1803?

the Louisiana Territory
Louisiana

72.   Name one war fought by the United States in the 1800s.

War of 1812
Mexican-American War
Civil War
Spanish-American War

73.   Name the U.S. war between the North and the South.

the Civil War
the War between the States

74. **Name one problem that led to the Civil War.**
   slavery
   economic reasons
   states' rights

75. **What was one important thing that Abraham Lincoln did?***
   freed the slaves (Emancipation Proclamation)
   saved (or preserved) the Union
   led the United States during the Civil War

76. **What did the Emancipation Proclamation do?**
   freed the slaves
   freed slaves in the Confederacy
   freed slaves in the Confederate states
   freed slaves in most Southern states

77. **What did Susan B. Anthony do?**
   fought for women's rights
   fought for civil rights

C: Recent American History and Other Important Historical Information

78. **Name one war fought by the United States in the 1900s.***
   World War I
   World War II
   Korean War
   Vietnam War
   (Persian) Gulf War

79. Who was President during World War I?
(Woodrow) Wilson

80. Who was President during the Great Depression and World War II?
(Franklin) Roosevelt

81. Who did the United States fight in World War II?
Japan, Germany, and Italy

82. Before he was President, Eisenhower was a general. What war was he in?
World War II

83. During the Cold War, what was the main concern of the United States?
Communism

84. What movement tried to end racial discrimination?
civil rights (movement)

85. What did Martin Luther King, Jr. do?*
fought for civil rights
worked for equality for all Americans

86. What major event happened on September 11, 2001, in the United States?
Terrorists attacked the United States.

87. Name one American Indian tribe in the United States. *[USCIS Officers will be supplied with a list of federally recognized American Indian tribes.]*

Cherokee	*Cheyenne*
Navajo	*Arawak*
Sioux	*Shawnee*
Chippewa	*Mohegan*
Choctaw	*Huron*
Pueblo	*Oneida*
Apache	*Lakota*
Iroquois	*Crow*
Creek	*Teton*
Blackfeet	*Hopi*
Seminole	*Inuit*

Integrated Civics

A: Geography

88. Name one of the two longest rivers in the United States.
Missouri (River)
Mississippi (River)

89. What ocean is on the West Coast of the United States?
Pacific (Ocean)

90. What ocean is on the East Coast of the United States?
Atlantic (Ocean)

91. Name one U.S. territory.
Puerto Rico
U.S. Virgin Islands
American Samoa
Northern Mariana Islands
Guam

92. Name one state that borders Canada.

Maine

New Hampshire

Vermont

New York

Pennsylvania

Ohio

Michigan

Minnesota

North Dakota

Montana

Idaho

Washington

Alaska

93. Name one state that borders Mexico.
California
Arizona
New Mexico
Texas

94. What is the capital of the United States?*
Washington, D.C.

95. Where is the Statue of Liberty?*
New York (Harbor)
Liberty Island
[Also acceptable are New Jersey, near New York City, and on the Hudson (River).]

B: Symbols

96. Why does the flag have 13 stripes?
because there were 13 original colonies
because the stripes represent the original colonies

97. Why does the flag have 50 stars?*
because there is one star for each state
because each star represents a state
because there are 50 states

98. What is the name of the national anthem?
The Star-Spangled Banner

C: Holidays

99. When do we celebrate Independence Day?*
July 4

100. Name two national U.S. holidays.
New Year's Day
Martin Luther King, Jr. Day
Presidents' Day
Memorial Day
Independence Day
Labor Day
Columbus Day
Veterans Day
Thanksgiving
Christmas

Civics (History and Government) Questions for the Redesigned (New) Naturalization Test

*If you are 65 years old or older and have been a legal permanent resident of the United States for 20 or more years, you may study just the questions that have been marked with an asterisk.

Questions: #6, 11, 13, 17, 20, 27, 28, 44, 45, 49, 54, 56, 70, 75, 78, 85, 94, 95, 97, 99

6.   What is one right or freedom from the First Amendment?*

speech
religion
assembly
press
petition the government

11.   What is the economic system in the United States?*

capitalist economy
market economy

13.   Name one branch or part of the government.*

Congress
legislative
President
executive
the courts
judicial

17. What are the two parts of the U.S. Congress?*

the Senate and House (of Representatives)

20. Who is one of your state's U.S. Senators now?*

Answers will vary. [District of Columbia residents and residents of U.S. territories should answer that   D.C. (or the territory where the applicant lives) has no U.S. Senators.]

27. In what month do we vote for President?*

November

28. What is the name of the President of the United States now?*

Barack Obama
Obama

44. What is the capital of your state?*

Answers will vary. [District of Columbia residents should answer that D.C. is not a state and does not have a capital. Residents of U.S. territories should name the capital of the territory.]

45. What are the two major political parties in the United States?*

Democratic and Republican

49. What is one responsibility that is only for United States citizens?*

serve on a jury
vote in a federal election
the flag

54. How old do citizens have to be to vote for President?*

eighteen (18) and older

56. When is the last day you can send in federal income tax forms?*

April 15

70. Who was the first President?*

(George) Washington

75. What was one important thing that Abraham Lincoln did?*

freed the slaves (Emancipation Proclamation)
saved (or preserved) the Union
led the United States during the Civil War

78. Name one war fought by the United States in the 1900s.*

World War I
World War II
Korean War
Vietnam War
(Persian) Gulf War

85. What did Martin Luther King, Jr. do?*

fought for civil rights
worked for equality for all Americans

94. What is the capital of the United States?*

Washington, D.C.

95. Where is the Statue of Liberty?*
New York (Harbor)
Liberty Island
[Also acceptable are New Jersey, near New York City, and on the Hudson (River).]

97. Why does the flag have 50 stars?*
because there is one star for each state
because each star represents a state
because there are 50 states

99. When do we celebrate Independence Day?*
July 4

USCIS Citizenship Interview: Reading Test

Your reading test will be 1-3 sentences. You must read one (1) of three (3) sentences correctly to read in English.

Reading Vocabulary List

Question Words
how
what
when
where
why
who

Other
a
for
here
in
of
on
the
to
we

Verbs
can
come
do/does
elects
have/has
be/is/are/was
lives/lived
meet
name
pay
vote
want

Other (content)
colors
dollar bill
first
largest
many
most
north
one
people
second
south

People
George Washington
Abraham Lincoln

Places
America
United States
U.S.

Civics
American flag
Bill of Rights
capital
citizen
city
Congress
country
Father of Our Country
government
President
right
Senators
state/states
White House

Holidays
Presidents' Day
Memorial Day
Flag Day
Independence Day
Labor Day
Columbus Day
Thanksgiving

Citizenship-Interview: Writing English

You will be read 1-3 sentences and asked to write. . You must write one (1) out of three (3) sentences correctly.

Writing Vocabulary List

Months
February
May
June
July

September
October
November

Holidays
Presidents' Day
Memorial Day
Flag Day
Independence Day
Labor Day
Columbus Day
Thanksgiving

Civics
American Indian
capital
citizens
Civil War
Congress
Father of Our Country
flag
free
freedom of speech
President
right
Senators
state/states
White House

People
Adams
Lincoln
Washington

Places
Alaska
California
Canada

Verbs
be/is/was
can
come

Delaware
Mexico
New York City
Washington, D.C.
United States

elect
have/has
lives/lived
meets
pay
vote
want

<u>Other</u> (content)
blue
dollar bill
fifty / 50
first
largest
most
north
one

<u>Other</u>
one hundred/ 100
people
red
second
south
taxes
white

<u>Other</u> (Function)
and
during
for
here
in

of
on
the
to
we

FEDERAL DEPARTMENTS AND AGENCIES

If you don't know where to call, start with 1-800-FED-INFO (or 1-800-333-4636) for more information.

For hard-of- hearing, call 1-800-326-2996.

The government also has a website: http://www.USA.gov for general information about government agencies.

Department of Education (ED)
U.S. Department of Education
400 Maryland Avenue SW
Washington, DC 20202
Phone: 1-800-872-5327
For hearing impaired: 1-800-437-0833
http://www.ed.gov

Equal Employment Opportunity Commission (EEOC)
U.S. Equal Employment Opportunity Commission
1801 L Street NW
Washington, DC 20507
Phone: 1-800-669-4000
For hearing impaired: 1-800-669-6820
http://www.eeoc.gov

Department of Health and Human Services (HHS)
U.S. Department of Health and Human Services
200 Independence Avenue SW
Washington, DC 20201
Phone: 1-877-696-6775
http://www.hhs.gov

Department of Homeland Security (DHS)
U.S. Department of Homeland Security
Washington, DC 20528
http://www.dhs.gov

U.S. Citizenship and Immigration Services (USCIS)
Phone: 1-800-375-5283
For hearing impaired: 1-800-767-1833
http://www.uscis.gov

U.S. Customs and Border Protection (CBP)
Phone: 202-354-1000
http://www.cbp.gov
U.S. Immigration and Customs Enforcement (ICE)
http://www.ice.gov

Department of Housing and Urban Development (HUD)
U.S. Department of Housing and Urban Development
451 7th Street SW
Washington, DC 20410
Phone: 202-708-1112
For hearing impaired: 202-708-1455
http://www.hud.gov

Department of Justice (DOJ)
U.S. Department of Justice
950 Pennsylvania Avenue NW
Washington, DC 20530-0001
Phone: 202-514-2000
http://www.usdoj.gov

Internal Revenue Service (IRS)
Phone: 1-800-829-1040
For hearing impaired: 1-800-829-4059
http://www.irs.gov

Selective Service System (SSS)
Registration Information Office
PO Box 94638
Palatine, IL 60094-4638
Phone: 847-688-6888
For hearing impaired: 847-688-2567
http://www.sss.gov

Social Security Administration (SSA)
Office of Public Inquiries
6401 Security Boulevard
Baltimore, MD 21235
Phone: 1-800-772-1213
For hearing impaired: 1-800-325-0778
http://www.socialsecurity.gov or
http://www.segurosocial.gov/espanol/.

Department of State (DOS)
U.S. Department of State
2201 C Street NW
Washington, DC 20520
Phone: 202-647-4000
http://www.state.gov

FOR MORE INFORMATION:

Visit the USCIS website at **http://www.uscis.gov**. You can also go
to **http://www.welcometousa.gov**, -- a government website for
new immigrants.

Call Customer Service at 1-800-375-5283 or 1-800-767-1833
(hearing impaired).

To get USCIS forms, call 1-800-870-3676 or look on the USCIS
website.

LaVergne, TN USA
05 May 2010
181646LV00001B/142/P

9 780979 353826